AF554773

DU

TRANS-SAHARIEN

PAR

LA VALLÉE DE L'OUED MESSAOUD

ORAN
IMPRIMERIE DE L'ASSOCIATION OUVRIÈRE
HEINTZ, ARTUS ET Cie
16, boulevard Malakoff, 16

M DCCC LXXIX

DU

TRANS-SAHARIEN

PAR

LA VALLÉE DE L'OUED MESSAOUD

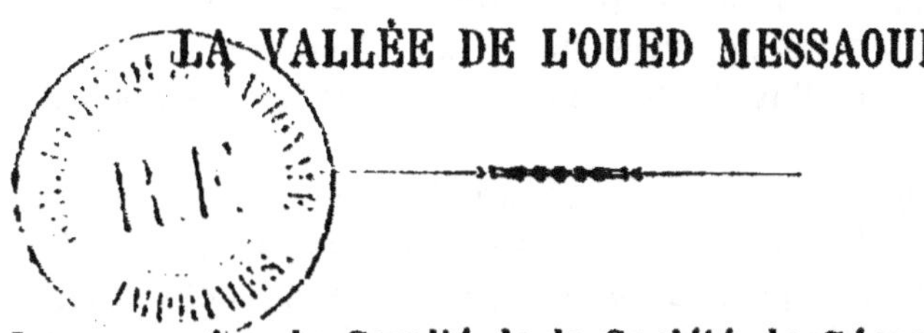

Les pouvoirs du Comité de la Société de Géographie étant expirés et la nouvelle Commission ne pouvant être reconstituée définitivement qu'après l'assemblée générale du 15 juin prochain; vu l'actualité et même l'urgence du sujet, M. Kramer a réuni, le 29 mai, dans une des salles de la Mairie, un petit nombre de personnes pour les entretenir de la question du Trans-Saharien, mettre au courant de cette affaire les assistants qui le désireraient et tâcher d'arriver à une entente et une action commune pour faire étudier la ligne partant de Sebdou, par la vallée de l'Oued-Hallouf, Souz-Fana Saoura et Messaoud. Le promoteur de cette réunion a parlé à peu près en ces termes :

« Messieurs,

» Vous ne vous attendez pas à un discours ni à une conférence, vous savez que je ne suis ni orateur, pas même conférencier.

» Nous allons causer, tout simplement, d'une question qui nous intéresse tous, et tâcher de faire en sorte que de la réunion à laquelle vous avez bien voulu vous rendre, il sorte quelque chose d'utile.

» En considération du but et de l'intention, je vous prie de m'accorder toute votre indulgence et un peu d'attention.

» Il y a quelques mois à peine, quand on parlait du Trans-Saharien, on ne rencontrait que sourires et incrédulité. Il n'en est plus ainsi aujourd'hui ; on en parle beaucoup et partout, peut-être même un peu trop, et on n'agit pas assez.

» Le but de cette réunion est précisément d'arriver à une action et à quelque chose de pratique.

» Je tâcherai d'abord de vous faire partager mes convictions sur :

» 1° La possibilité et la nécessité même de ce chemin de fer;

» 2° Le temps relativement prochain où il devra se faire;

» 3° Les avantages du tracé par Oran, Tlemcen, Sebdou, le Touat, etc., après l'avoir comparé, au besoin, avec d'autres tracés.

» Il est inopportun de nous arrêter longtemps sur les deux premières questions. Pour la troisième, nous serons forcé d'entrer dans quelques détails; après, nous rechercherons ensemble les meilleurs moyens pour déterminer les personnes qui seront à la tête de cette grande entreprise à diriger leurs études sur la ligne que nous proposons.

» Il est superflu aussi d'insister sur l'importance que cette question a pour notre province et particulièrement pour Oran; vous êtes tout acquis à cette partie du sujet.

» Pour donner plus d'autorité à mes dires, je serai forcé de faire quelques citations et de m'appuyer sur de plus autorisés que moi. Pour commencer, je vous demande à lire le rapport d'une séance de la Société de Géographie commerciale de Paris, du 29 avril dernier :

« *Le Trans-Saharien*. — Dans sa séance du 22 février dernier, la Société de Géographie commerciale de Paris, réunie en assemblée générale, avait adopté à l'unanimité, sur la proposition de M. Ménier, directeur du journal la *France coloniale*, et après avoir écouté le rapport de M. Gazeau de Vautibault, la formation d'une commission prise dans son sein pour étudier le projet de l'établissement d'une voie ferrée destinée à relier l'Algérie au Niger et à notre autre colonie si importante, quoique si peu connue, du Sénégal. Cette commission, élue par vous et composée de MM. Gazeau de Vautibault ; docteur Ballay, Marche, les explorateurs de l'Ogôoué ; Dupuis, le révélateur du Fleuve Rouge ; Capitaine, directeur de l'*Exploration ;* Ménier, directeur de la *France coloniale*, et A. Ringier, secrétaire de section de la Société, a formé de la façon suivante son bureau : M. Gazeau de Vautibault, président ; M. H. Capitaine, rapporteur, et M. A. Ringier, secrétaire ; laquelle composition a reçu également votre entière approbation.

Sitôt, en quelque sorte, légalement constituée, la Commission du Trans-Saharien (c'est sous ce nom qu'elle sera désormais désignée) a procédé à l'étude et à l'examen des questions se rapportant à la grande entreprise qu'elle s'efforcera, avec les hommes de bonne volonté qui voudront se joindre à elle, de conduire à bonne fin.

Il ne s'agit pas ici, Messieurs, d'un de ces projets prêtant à la fantasmagorie, et dont l'exécution doit être reportée à des époques plus ou moins éloignées ; nous venons aujourd'hui vous entretenir d'une actualité dont la nécessité s'impose d'elle-même à tous ceux qui ont quelque souci de la grandeur de notre chère patrie. Le Trans-Saharien est mûr, si je puis employer une telle expression, et si nous voulons en recueillir les bénéfices et ne pas arriver trop tard, il n'est que tout juste temps de nous hâter. Tandis qu'en France toute idée nouvelle effraie d'abord, par cela même qu'elle est nouvelle et qu'elle dérange les notions reçues ou plutôt préconçues, les peuples étrangers qui n'ont pas les mêmes causes d'arrêt, se préoccupent sérieusement du projet d'un Trans-Saharien et de sa mise à exécution, projet qui, loin de leur paraître une chimère, est, d'après eux, destiné, dans un avenir prochain, à se transformer en réalité.

En Angleterre, nous voyons une Société puissante étudier en ce moment la construction d'un chemin de fer devant relier les côtes du Maroc au Niger. En Allemagne, l'explorateur Rohlfs, soutenu par de nombreux capitaux et subventionné par la Société de Géographie de Berlin, espère réaliser un projet de voie ferrée allant de Tripoli au lac Tchad. Les Italiens, à leur tour, jaloux de l'influence que le Trans-Saharien donnerait à la France dans toute l'étendue du bassin du Niger, préconisent le projet du docteur Rohlfs, dont ils espèrent profiter les premiers. Toutes les puissances, en un mot, ont l'œil ouvert sur ce marché du Soudan, qui devrait et doit appartenir à notre pays, par suite de sa situation sur les deux rives de la Méditerranée et sa possession du Sénégal.

Ceci dit, entrons dans le vif de la question ; et, tout d'abord, le Trans-Saharien est-il possible? Certes, quand on assiste aux merveilles qu'enfante chaque jour l'industrie moderne, quand on a vu les Américains construire le trans-continental Rail-Road, au milieu de difficultés inouïes et de périls de toutes sortes, le plus ou moins de possibilité n'est pas un obstacle dont il soit permis, à l'heure actuelle, de tenir sérieusement compte, les faits ou plutôt les miracles accomplis de nos jours étant là pour répondre.

Deuxièmement, et ceci est plus grave, une voie ferrée reliant, par l'intermédiaire du Niger, l'Algérie au Sénégal, est-elle nécessaire au développement de l'industrie et du commerce français ? — Là, nous répondrons oui hardiment, et nous laisserons la parole à M. Gazeau de Vautibault, qui, dans une brochure que nous voudrions voir dans toutes les mains, a réuni et a traité magistralement tout ce qui se rapporte au Trans-Saharien français.

« De toutes les questions, écrit-il, qui sont à l'ordre du jour des Sociétés et des Congrès de Géographie, celle-là seule intéresse vraiment, d'une façon directe et au suprême degré, la grandeur, la puissance et l'avenir de la France; c'est la seule qui soit exclusivement nationale et ne nous expose pas à aventurer nos capitaux au profit de peuples étrangers. Si nous voulons fermement nous reconstituer un empire colonial à la place de celui que nous avons perdu, nous n'avons pour ainsi dire à faire que quelques pas et tendre la main pour planter notre pavillon sur les vallées de l'Oued-Guir, de l'Igharghar, du Bénéoué et du Tchad. Gravons-nous, enfin, profondément dans l'esprit ces paroles, que prononçait naguère le président de la Société de Géographie de Bordeaux : L'Afrique nous échappera, comme les Indes nous ont échappé, si nous ne nous hâtons d'asseoir solidement notre domination dans tout le Nord-Ouest de l'Afrique, que nous tenons par l'Algérie, le Sénégal et le Gabon. »

Et, en effet, il faut nous hâter : la civilisation marche à pas de géant, et, avant trente ans, le continent africain sera sillonné de voies ferrées, comme le sont actuellement l'Amérique et l'Europe. Quant aux obstacles que la construction du Trans-Saharien devait rencontrer infailliblement, pas un seul, malgré le dire des adversaires du projet, n'a une valeur sérieusement scientifique. Ces obstacles, que nous allons énumérer rapidement, sont (qui le croirait ?) le climat, soi-disant trop élevé le jour et trop froid la nuit, le manque d'eau pour l'alimentation des machines et du personnel. l'existence de sables mouvants, la difficulté d'établir des approvisionnements suffisants de houille, enfin, l'hostilité que l'on rencontrerait certainement de la part des tribus dont on traverserait le territoire et surtout des hordes sauvages des Touaregs.

Eh bien ! aucune de ces objections n'est vraie : Le Sahara possède d'immenses nappes d'eau souterraine inépuisables, et l'hostilité des Touaregs, que M. G. Rohlfs considère comme le seul obstacle à la construction du Trans-Saharien français (comme si cet obstacle n'existait pas pour la ligne qu'il préconise lui-même de Tripoli au lac Tchad), est une de ces monstrueuses erreurs, grossies par l'éloignement, que l'on répète en quelque sorte inconsciemment. Les Touaregs, en effet, à supposer qu'ils soient même parfois gênants, ne seront jamais assez nombreux pour nous créer des difficultés insurmontables, et les Peaux-Rouges, que les conducteurs du Pacific-Rail-Road ont eu sans cesse à combattre, et qui n'ont pu, malgré tous leurs efforts, retarder d'une heure l'exploitation du chemin de fer, étaient des ennemis bien autrement redoutables. Les Américains, cependant, en sont venus à bout, ainsi d'ailleurs qu'il arrive toujours, lorsque la barbarie et la civilisation sont en présence.

Abordons maintenant la seule objection un peu grave, si elle était vraie, que l'on ait opposée au projet qui nous occupe. C'est le défaut de trafic.

Les frais de construction, établis à la suite d'études sérieuses, atteignent à peine le chiffre maximum de 400 millions. Quels sont les bénéfices sur lesquels on pourra légitimement compter ?

Un ancien adversaire du Trans-Saharien avouait jadis qu'il suffirait d'un trafic de 2 à 300,000 tonnes pour assurer le service des frais et revenus de cette voie ferrée. Or, le commerce seul des denrées coloniales et du sel entraînerait et au delà ce déplacement.

Ici, nous donnons de nouveau la parole à M. Gazeau de Vautibault, qui, dans un précédent numéro de l'*Exploration* (*voir page* 571), a publié une importante étude sur cette grave question. Ses conclusions, appuyées sur des bases savamment déduites, portent à 72 millions, au minimum, le chiffre du trafic que la France entretiendrait avec les régions soudaniennes.

En outre, la France trouverait là un large et rémunérateur emploi pour ses capitaux improductifs. La crise industrielle dont nous sommes menacés serait arrêtée pour longtemps, et le trop-plein actuel de nos manufactures rencontrerait un écoulement assuré chez les quatre-vingt millions d'habitants qui peuplent les bassins du Niger et du Tchad. Nous créerions ainsi, au sein de notre pays, un vaste courant d'émigration vers des contrées nouvelles aussi riches que salubres.

Enfin, par cette voie prolongée, le Sénégal serait, dans un temps plus ou moins proche, mis directement en rapport avec sa colonie sœur, l'Algérie, et acquerrait par là le développement auquel ses productions naturelles lui donnent droit. Alors le Trans-Saharien ne serait pas seulement la voie du Soudan : il serait aussi la voie intercoloniale, destinée à réunir nos possessions africaines éparses en un faisceau indestructible.

Nous n'étudierons pas ici les divers tracés qui ont été proposés ; tout d'abord, nos prétentions ne vont que jusqu'à atteindre les fertiles oasis du Touat ; et avant de nous lancer dans l'inconnu, nous nous contenterons d'asseoir sur des bases solides notre marche en avant ; nous procéderons étape par étape, ne donnant rien au hasard, et assurant le succès définitif de l'œuvre par notre sagesse et notre prudence. D'ailleurs, nous sommes assurés qu'en limitant tout d'abord à l'extrémité du Touat notre tâche, cette tête de ligne exercera jusque sur les populations du Soudan un effet attractif tel, que, ce premier tronçon mis en exploitation, on ne tardera pas à reconnaître la nécessité d'aller au delà, c'est-à-dire de franchir ce Sahara si redoutable en apparence, si bénin en réalité, et alors la France sera en possession d'un magnifique empire, situé à quelques heures à peine de distance et paraissant créé tout exprès par la Providence pour nous appartenir.

En avant donc! que la devise des Américains devienne la nôtre. Ils avaient à lutter, pour mener leur œuvre à bonne fin, contre des populations farouches, et ils les ont réduites à l'impuissance ; la nature avait semé leur route d'obstacles de tous genres, et ils ont franchi des abîmes insondables et endigué des fleuves larges comme des mers. En Afrique, rien de semblable : pas de montagnes neigeuses à gravir, pas de tunnels, peu de ponts, peu de viaducs ; une magnifique plaine ondulée, semée de puits indiquant les stations pour le renouvellement de l'eau, telles sont les facilités exceptionnelles apportées à l'œuvre que nous poursuivons et que la commission nommée par vos soins, messieurs, croit non-seulement utile et profitable aux intérêts français, mais même absolument nécessaire. Donc, pas d'hésitation, pas de retards, et que l'on n'oublie pas que nous sommes à un de ces moments critiques, psychologiques même, où il s'agit pour nous d'être ou de n'être plus. »

M. Ménier a ensuite pris la parole pour dire qu'il n'avait pas à développer les conclusions du remarquable travail de M. Capitaine. Il a seulement rappelé que la commission du Trans-Saharien s'est livrée à une foule d'études qui lui ont permis de démontrer la praticabilité d'un chemin de fer trans-continental africain, et que le seul moyen pour affirmer efficacement l'exécution de ce railway était l'envoi d'une expédition chargée d'établir le tracé d'Algérie au Touat. Une Compagnie a donc été formée dans ce but.

M. Ménier a terminé en faisant appel à tous les hommes désireux de voir s'accroître notre influence pacifique en Afrique, pour propager cette grande question qui intéresse notre patrie tout particulièrement.

Les applaudissements qui ont accueilli M. Ménier ont prouvé l'intérêt que le public prend au Trans-Saharien.

« Il n'y a presque rien à dire de plus que ce que vous venez d'entendre. Cependant on peut ajouter que, comme difficultés vaincues, on peut encore citer le chemin de fer des Andes; son point culminant est à 4,751 mètres (50 mètres de moins que le Mont-Blanc); sur un parcours de 170 kilomètres, il y a 61 tunnels. Les ponts nombreux ont été fabriqués en Europe et montés sur place; celui de Verrugas est supporté par deux piles métalliques de 77 mètres de hauteur.

» Il n'y a donc pas lieu de s'effrayer des difficultés de construction du Trans-Saharien, comparé au Trans-Continental et au Trans-Andino; il sera d'une construction facile.

» Que d'autres puissances, deux surtout, cherchant à se créer des colonies, désirent avoir un pied sur le littoral de la Méditerranée, un chemin de fer fait par elles, en Tunisie, ne serait-ce qu'une amorce d'un Trans-Saharien, leur procurerait le commencement de ce qu'elles convoitent.

» Il faut donc nous hâter.

» Nous avons ainsi épuisé les deux premiers chapitres posés au commencement, et arrivons au troisième, plus important pour nous.

» Je vais, tout à l'heure, avoir l'honneur de mettre sous vos yeux une carte donnant, mieux que des paroles, une idée du tracé que je propose, et tâcher de vous faire partager ma manière de voir.

» Outre la carte, j'ai rassemblé quelques renseignements manuscrits dont j'avais entretenu, depuis longtemps, M. Gazeau de Vautibault, qui vient d'être mis à la tête de la Société qui s'est formée depuis, pour l'étude du ou des tracés projetés.

» A la date du 29 mars dernier, M. de Vautibault, en me faisant l'honneur de répondre à une première communication, me pose les questions suivantes :

« Je prendrais la liberté de vous demander s'il serait possible
» de construire le Trans-Saharien d'Oran à Tombouctou sans

» passer par le Maroc; sinon comment, d'après vous, l'on » pourrait triompher de cet obstacle. Je vous demanderai quel » serait votre tracé et la description du pays parcouru par votre » itinéraire, sa végétation, ses oueds, ses puits, ses bois, le » nombre des troupeaux et des populations nomades, le nombre » des oasis et des populations sédentaires, etc., etc. »

» Pour satisfaire à ces demandes, j'ai tâché de rassembler à la hâte tous les renseignements possibles, et je les ai adressés, quoique encore incomplets, disposés sous forme de notes; celles-ci vous sont aussi destinées, et je les mets sous vos yeux.

NOTES

sur le tracé du Trans-Saharien par Oran, Tlemcen, Sebdou, Aïn-Salah.

Depuis quelques années, les hommes les plus illustres dans la science s'occupent de la création d'un chemin de fer reliant la Méditerranée à l'Océan Atlantique, en traversant le Sahara.

Des projets nombreux, indiquant le tracé que devait suivre cette voie ferrée, ont été présentés.

L'auteur de cette note, qui a parcouru une partie du Sahara algérien et qui a pu, soit par lui-même, soit par les rapports que lui en ont faits les indigènes, avoir des notions assez exactes sur les pays que pourra traverser la ligne trans-saharienne, croit de son devoir de faire connaître ce qu'il a appris.

Il vient donc consigner le résultat de ses recherches et de ses études sous la modeste forme de notes, et il espère que la grandeur de l'œuvre à laquelle il vient apporter un élément d'instruction, et le désir patriotique qu'il a de la voir se réaliser, feront oublier l'imperfection du travail qu'il soumet à l'appréciation des personnes déjà au courant de la question.

Pour lui, le tracé qui lui paraît présenter le plus de facilités à tous les points de vue, est celui ayant pour point de départ Oran, passant par Tlemcen, Sebdou, Aïn-Salah.

Ce tracé paraît de prime-abord offrir de tels avantages sur les autres en discussion, qu'il y a lieu d'espérer qu'il sera préféré s'il est examiné et étudié avec quelques soins.

C'est seulement cette étude préalable que ces quelques mots ont l'intention de provoquer.

Ce tracé est le plus direct; par conséquent, sur un pareil parcours, de beaucoup le plus court; il offre aussi bien moins de difficultés de construc-

tion, puisqu'on évite la traversée des montagnes qui séparent le Tell des hauts plateaux et la différence de niveau qui en résulte et les déserts de sable (aregs). Il est pourvu d'eau sur tout son parcours et rencontre presque partout de la végétation et des contrées peuplées, riches même. Par lui on évite l'encombrement des transports d'eau, la construction de voûtes pour abriter la voie contre les ensablements, et on trouve des produits alimentant la ligne et lui permettant de vivre.

Nous allons passer rapidement en revue ces différentes questions. Pour cela il est nécessaire d'entrer dans quelques détails.

Le chemin de fer d'Oran à Tlemcen et Sebdou est admis en principe et voté par les Chambres; les études définitives sont sur le point d'être commencées; on espère voir terminer la partie d'Oran à Tlemcen dans un délai de trente mois, et le tronçon de Tlemcen à Sebdou un peu plus tard. En mettant pour le tout un maximum de cinq ans, on reste dans des limites raisonnables, et pour les besoins de ce qui va suivre on peut considérer le chemin de fer d'Oran à Sebdou comme construit.

Sans faire valoir que le tronçon de Sebdou, comme celui de Saïda, sera forcément prolongé, dans un avenir peu éloigné, pour le pousser dans la mer d'alfa et l'aider à se suffire, sans la subvention de l'État, par le transport de cette marchandise, on peut, pour le tracé en question, partir de Sebdou.

Cette localité est à 930 mètres d'altitude; on peut la considérer comme étant sur les hauts plateaux.

Remarquons déjà en passant qu'elle est sur la même latitude que Biskra et à moins de deux degrés près sur le méridien de Tombouctou.

De Sebdou, notre tracé se dirigerait vers El-Aricha, qu'il laisserait un peu à l'Est pour passer entre le Djebel Mekaïdou et le Djebel Si-Abed, passerait dans l'étranglement du chott El Rharbi, se dirigerait sur un de nos ksours, Moghrar, gagnerait l'Oued Hallouf, l'Oued Zouzfana, l'Oued Saoura, l'Oued Messaoura, l'Oued Messaoud, et arriverait à Tidikelt ou Aïn-Salah au choix.

A cette latitude il serait parvenu au point où on fait aboutir plusieurs autres projets; il n'y a donc pas lieu de pousser cet examen au-delà de cette première étape.

Dans ce tracé, depuis nos ksours jusqu'à Tidikelt, c'est-à-dire dans la traversée du Sahara algérien, nous avons évité les aregs *(dunes ou désert de sable)*, parcouru un pays fertile, cultivé, très peuplé, ayant de l'eau sur toute la ligne en hiver, et tous les cinq ou six kilomètres en été, grâce aux puits, feggaguirs, sources, etc., qu'on y rencontre.

D'ailleurs, les moyens de retrouver l'eau qui disparaît en été dans le lit des rivières d'une certaine importance sont connus, et il serait facile d'y avoir recours dans le cas où l'une des rivières que longe notre ligne viendrait à se perdre sous terre.

L'auteur de ces notes a parcouru une partie de ce pays jusqu'au Sud de Moghrar, il y a bien des années déjà; mais sans doute peu de changements se sont produits depuis; c'est donc *de visu* qu'il parle et ce sont ses souvenirs personnels qu'il rappelle aujourd'hui.

Il lui reste à remplir la lacune qui se trouve entre cette partie du chemin et le Touat; à cet égard il va être obligé de s'appuyer sur des témoignages et des renseignements pris un peu partout, autant que l'empressement de les porter à la connaissance des intéressés l'a permis.

Lors de l'expédition du printemps 1870, à Aïn-Chaïr, les soldats de la colonne du général de Wimpffen ont comparé l'Oued-Guir à la Loire au moment de ses hautes eaux; l'oued africain charriait alors des arbres déracinés et était blanc d'écume.

Certains officiers l'ont comparé au Nil sous le rapport du parti qu'en tirent les habitants pour l'irrigation et la fertilisation du sol. Or, l'Oued-Guir, que le tracé évite, n'est lui-même qu'un des nombreux affluents d'un cours d'eau plus considérable, l'Oued-Messaoura, par lequel nous passons.

Il y a quelques années, M. C. S. de Tlemcen a fait, au point de vue de la marche des caravanes, la description de la vallée de l'Oued-Messaoura, qui est un des noms de la grande artère fluviale qui se dirige du Nord au Sud, c'est-à-dire, de nos possessions vers le Soudan, et qui doit se perdre peut-être dans les sables au sud de Tidikelt.

Voici quelques extraits de sa publication qui a eu lieu en 1875-76. — Ils pourront donner une idée exacte du pays à traverser :

Ksar-el-Adzoudj. — Durant l'hiver on y voit se former un véritable fleuve, qui, grossi plus tard des eaux de l'Oued-Guir, baigne jusqu'au dernier ksar du Touat.......

Deux journées de marche séparent Ksar-el-Adzoudj d'El-Bungabia de Beni-Goumi. Quatre groupes de puits jalonnent cette route et assurent aux caravanes, même durant les plus longues sécheresses, de l'eau abondante, fraîche et agréable.

Enfin, les bords de l'Oued-Zouzfana méritent à leur tour une description particulière : la vallée généralement peu encaissée, mais large, étend ses bords suivant une pente le plus souvent douce et régulière. Un mince tapis de sable, apporté par les vents, et qui ne peut jamais être complètement balayé, grâce à la déclivité même du terrain, rend le sol de la vallée plus élastique sous le pied des chameaux que celui des hamads.

Les Beni-Goumi forment une confédération absolument indépendante de l'empire du Maroc.......

Les ksours échelonnés sur les rives de l'Oued-Zouzfana sont au nombre de six. Ces divers ksours sont situés à deux ou trois kilomètres les uns des autres. Il y a quatorze kilomètres de Bungabia à Zouaïa-Eskira.......

L'oasis des Beni-Goumi est renommé par sa fertilité.

Les palmiers, dont le nombre dépasse cent mille, sont d'une fécondité telle, qu'il n'est pas rare de recueillir sur un seul arbre trois et même quatre charges de chameau de dattes. La charge est d'environ 150 kil.......

Igueli est un gros ksar qui peut armer cinq cents soldats. — Arrosé par d'innombrables feggaguirs et quelques sources, son territoire est aussi fertile que celui des Beni-Goumi.......

Un autre fait, qui nous paraît avoir une importance beaucoup plus grande, est l'existence à Igueli de trois maisons juives.

Quels services ne pourront-ils pas rendre comme courtiers et éclaireurs le jour où nous aurons à nous servir d'eux.......

Igueli forme, avec le ksar de Maïzer, une république indépendante dirigée par sa djemâa.

Pour continuer notre route vers le Touat, nous rejoignons l'oued qui a pris, depuis qu'il s'est grossi de l'Oued-Guir, le nom de l'Oued-Messaoura, et après deux heures de marche nous arrivons à Maïzer.—Ce ksar, défendu par trois cents fusils, est sous la dépendance d'Igueli.......

A une trentaine de kilomètres de Maïzer, est situé le ksar Beni-Abbès...

A dix kilomètres de Beni-Abbès, nous rencontrons le ksar Meraouma...

Le Blad-Ghâba *(pays de la forêt)*, ainsi nommé de l'immense forêt de palmiers qui l'ombrage, compte sept ksours.......

Nous parvenons enfin à El-Quessabi, la dernière oasis messaourienne...

A partir d'El-Quessabi, l'Oued-Messaoura prend le nom d'Oued-Messaoud. Les caravanes qui se dirigent vers le Touat continuent à le suivre durant trois jours. A 12 kilomètres d'Haci-ben-Hamed-Etsira se trouve Ksiba-Sidi-Saïd, le premier ksar du Touat au pays de Bouda ......

Si, au lieu de se rendre au Touat, les caravanes veulent se rendre au Gourara, elles abandonnent l'oued à El-Quessabi et se dirigent directement vers l'Est.

Nous nous bornerions à ces extraits déjà longs, mais nous croyons devoir emprunter encore un passage attribué à M. de Colomb :

« Depuis Figuig jusqu'au Sud de Tidikelt, l'Oued-Messaoura est » rempli d'oasis et de ksours. On ne perd pour ainsi dire pas de vue les » palmiers et les hommes. Les caravanes trouvent de l'eau à chaque étape. » Aussi, de Figuig, peuvent-elles, en quatorze jours, parvenir, non » comme d'El-Abiod-Sidi-Cheik ou de Moghrar, par l'Oued-Namous, aux » premiers ksours du Gourara, mais à Bouda, à Temmi, c'est-à-dire au » centre, au carrefour de l'immense groupe d'oasis, d'où elles peuvent se » porter au Touat, au Tidikelt, à Oougerout, à Timmimoun. — Pendant » ces quatorze journées de marche, elles suivent une vallée pleine de » végétation et de villages et trouvent de l'eau à chaque halte. »

Il serait superflu de faire de plus nombreuses citations.

Comme on peut le voir, la route est toute tracée et une vérification des points signalés par ces deux hommes, que le désir d'être utiles à leur pays a guidés, serait des plus faciles.

D'un autre côté, notre projet présente un avantage, c'est de traverser des centres importants au Nord de Sebdou.

En première ligne, nous trouvons Tlemcen, localité exceptionnelle par son climat et sa végétation comparables à ceux de France ; cette ville est le centre de voies ferrées comme il ne s'en rencontre pas encore d'autre en Algérie ; nous y voyons en effet, le chemin de fer à la frontière du Maroc, celui du massif minier et Beni-Saf, celui direct sur Oran par Aïn-Temouchent.

Tous ces chemins sont votés et à l'étude ; celui stratégique de Tlemcen sur Bel-Abbès n'est qu'ajourné, ayant été formellement réservé par le Ministre des travaux publics et le Ministre de la guerre. Il est vrai que leurs points d'attache au tronçon principal, Oran-Tlemcen, ne sont pas encore indiqués, mais ne pourront l'être que sur cette ligne et non loin de Tlemcen.

Quant au point de départ, c'est Oran, la plus importante ville commerciale de l'Algérie, ayant dans son voisinage Mers-el-Kebir, le plus grand port de l'Algérie, et situé à dix heures de Carthagène, ville espagnole, tête de ligne du chemin de fer de Madrid et de cette dernière ville en France. Son port est aux portes de l'Océan par le détroit de Gibraltar.

Par conséquent, situation toute exceptionnelle, soit pour l'expédition des marchandises par l'Océan, soit pour leur transport par la terre ferme.

Il est certain que ce tracé, qui d'ailleurs n'indique que des jalons assez espacés, peut-être modifié et qu'une étude plus soignée sur le terrain permettrait de s'en écarter dans de certaines limites, suivant les nécessités topographiques.

Par exemple, on pourrait peut-être prendre pour tête de ligne, à la place de Sebdou, l'extrémité du Franco-Algérien, Saïda, qui est aussi avancé dans le Sud que Sebdou et aussi sur les hauts plateaux, mais il aboutit à Arzew, ville bien moins importante qu'Oran, déjà plus éloignée du continent européen et du détroit de Gibraltar. De plus, inconvénient plus grave, le chemin de fer d'Arzew à Saïda est construit à voie étroite. Magenta, qui sous peu sera aussi tête de ligne, conviendrait peut-être mieux.

Au point de vue militaire et stratégique, un poste militaire d'une certaine importance, établi sur cette ligne dans un de nos derniers ksours, à Moghrar-Foukani, par exemple, aurait le même effet, peut-être plus, que Laghouat; il maintiendrait la partie la plus remuante de nos frontières Sud. C'est en effet sur notre frontière de l'Ouest que s'est fait sentir la plus forte et la dernière résistance sérieuse à notre prise de possession algérienne; ce n'est que dans ce coin Sud-Ouest que nous avons encore quelques dissidents, et c'est par là qu'ils nous échappent. Une voie ferrée appuyée sur un poste permettrait de fermer cette porte et compléterait, avec Géryville, Laghouat, etc., notre ligne de défense de l'extrême Sud.

Remarquons encore qu'avant d'arriver à Tidikelt ou Aïn-Salah, ce tracé passe près d'une sebgah où le sel se trouve en abondance, par suite, nouvel aliment de transport pour lui.

Nous venons d'énumérer à la hâte une partie seulement des avantages que présente notre ligne sur Tombouctou; il est juste aussi de signaler ses inconvénients, de venir au devant des objections qu'on pourrait lui faire et de réfuter celles qui lui ont déjà été faites.

On objecte surtout qu'il passe en partie dans le Maroc ou qu'il est trop près de la frontière; il y a lieu d'insister et de s'étendre un peu sur cette question.

A notre connaissance il n'a été question d'une délimitation et tracé de frontières entre le Maroc et l'Algérie que dans deux circonstances : Une première fois, lors du traité de la Tafna entre le maréchal Bugeaud et l'émir Abd-El-Kader; de celle-ci il n'est pas nécessaire de parler.

Une deuxième et dernière fois, après la bataille d'Isly ou le bombardement de Tanger. Cette fois la frontière a été délimitée, mais jusqu'aux chotts seulement, d'une manière plus ou moins heureuse et exacte, mais admise généralement et respectée surtout par les autorités françaises. Aucune, depuis le commandant du cercle de Marnia jusqu'au Gouverneur, ne prendrait sur elle de faire arrêter un criminel quelconque dans le pays d'Oudjda.

Le gouvernement français a bien quelquefois été amené à châtier les Beni-Snassen du Maroc, notamment en 1859; mais il est très probable que chaque fois il s'est mis en règle vis-à-vis des autorités marocaines.

Il n'en est plus de même quand on arrive à hauteur des chotts. Quelques géographes et auteurs de cartes continuent bien à indiquer des frontières fantaisistes au-dessous des chotts ; la plupart d'entre eux contournent cette frontière de l'Ouest à l'Est par le Sud dès nos derniers ksours: Moghrar, Aïn-Saffra, Tiout, etc.; d'autres l'indiquent jusqu'à Aïn-Salah qu'ils mettent dans le Maroc; enfin, il y a des cartes qui, à partir des chotts, la prolongent exactement du Nord au Sud. On constate surtout les différences et les incertitudes en comparant les cartes de l'empire du Maroc et celles de l'Algérie. En réalité, il n'y a rien d'exact dans toutes ces délimitations; mais ce qu'il y a de certain, c'est qu'au Sud des chotts, il n'existe pas de limite officielle entre les deux pays.

Pour nous, tout le pays traversé par le tracé indiqué est indépendant du Maroc: il ne lui paie de tribut d'aucune nature; les autorités locales, généralement élues, ne reçoivent pas son investiture; aucun soldat marocain ne s'y est montré de mémoire d'homme.

Par contre, nos colonnes mobiles ont parcouru ce pays en tout sens, chaque fois que notre politique ou d'autres motifs l'ont nécessité. Il a été souvent question d'aller à Ich; vers 1866, une expédition était organisée à Oran pour prendre Figuig; elle n'a pas été suivie d'exécution pour des motifs étrangers à la politique et à la question des frontières.

En 1870, le général de Wimpffen est allé à Aïn-Chaïr, près des sources de l'Oued-Guir, bien loin à l'Ouest de ce qu'on se plait à appeler la frontière du Maroc et de l'Oued-Zouzfana, que prend notre tracé. Cela n'a soulevé aucune observation diplomatique ni de la part du Maroc, ni d'aucune puissance européenne; ce qui serait arrivé certainement si on s'était attaqué à un territoire dépendant réellement du Maroc. Aïn-Salah est le seul point sur lequel le Maroc revendique un droit de suzeraineté, religieuse seulement, di ton, et cependant à peu près tous les autres tracés y touchent.

La France, du reste, ne peut pas avoir la prétention de construire un chemin de fer, de la Méditerranée au Niger et peut-être au Sénégal, sans sortir de l'Algérie; vers le Sud, à un point quelconque il est certain, elle sortira de chez elle et arrivera en pays étranger, indépendant d'elle.

Si l'Allemagne ou l'Italie, de la Tunisie ou de Tripoli; l'Angleterre du Maroc, nous devancent et font l'une ou l'autre un trans-saharien, elles seront bien forcées de le faire ailleurs que chez elles; pourquoi alors nous arrêter à une considération qui n'a qu'une faible importance quand nous restons chez nous, au moins sur la plus grande partie du parcours.

Il faut bien admettre qu'on ne fera qu'un trans-Saharien si jamais il se fait; sur les trois puissances réellement en ligne, que ce soit l'Allemagne qui, à la suite de l'exploration de M. Rohlfs, parte de la Tunisie ou de la Tripolitaine; l'Angleterre d'un point quelconque, du Maroc, ou que la France par l'Algérie prenne les devants, les deux autres renonceront probablement à leur projet et ne penseront plus de longtemps à établir une voie à peu près parallèle et concurrente.

La puissance en possession de ce chemin unique n'aura pas non plus la prétention de s'en servir seule et d'en exclure les autres; il deviendra donc en quelque sorte un chemin international, et pour ces raisons encore il y a lieu de choisir son tracé autant que possible direct, central et aboutissant à la Méditerranée sur le point le plus rapproché de l'Europe et de l'Océan, tout en restant sur une terre française. Or, celui que nous indiquons paraît réunir le mieux toutes ces conditions d'intérêt général.

En admettant même que cette question de frontière existe, ne pourrait-on pas la résoudre diplomatiquement et proposer au gouvernement marocain, personnifié dans la personne de l'Empereur, près duquel nous avons une mission militaire, avec lequel nous sommes dans de très-bons termes, qui n'est pas aussi barbare que certains disent, de fixer enfin nos frontières à partir du point d'où elles ne l'ont jamais été et faire admettre la ligne directe et naturelle du Nord au Sud. De cette façon la zone sur laquelle passerait le chemin de fer serait jetée définitivement en dehors du Maroc et nous n'aurions à faire qu'avec des populations sur lesquelles d'ailleurs le Maroc n'a jamais eu la moindre autorité. Quant à ces populations, elles ne sont pas à craindre. Très denses relativement, mais désagrégées politiquement, elles tiendront sans doute à rester indépendantes et il faudrait leur prouver qu'on ne vient pas les conquérir ni les troubler; qu'elles resteront libres comme elles sont et qu'une voie de communication comme un chemin de fer ne peut que les favoriser et leur être utile et profitable. Sous ce rapport encore, notre tracé présente un grand avantage. Il vient en effet, au milieu de populations sédentaires, propriétaires de terres cultivées et fertiles, de peuples groupés en petites républiques indépendantes entre elles. — Il rencontrera par suite auprès d'elles moins d'obstacles et de difficultés que du côté des nomades, plus ou moins écumeurs de désert, difficiles à saisir et à maintenir, n'ayant rien à gagner par cette intrusion d'un chemin de fer.

L'important pour la France est qu'elle ne se laisse pas devancer, par une puissance rivale, dans cette grande entreprise qui n'est pas au-dessus de ses moyens. Si elle négligeait de prendre les devants, son influence serait gravement ébranlée non-seulement en Afrique, mais dans la Méditerranée et même en Europe. Son importance coloniale, qui ne progresse déjà pas autant qu'il serait à désirer, serait également amoindrie.

Que chacun, dans la mesure de ses moyens, se hâte donc de concourir à cette œuvre et porte sa pierre à l'édifice comme ose le faire l'obscur auteur de ces notes. L'amour de son pays l'a poussé à sortir de sa réserve naturelle, et malgré l'inexpérience de sa plume et son ignorance technique, il n'a pas craint de faire connaître le résultat de ses recherches Il espère que l'intention patriotique qui l'anime lui fera pardonner ce qu'il appelle son audace, et que chacun dans ce pays, suivant son exemple, n'hésitera à apporter aux hommes plus savants et plus compétents le concours de ses faibles connaissances. C'est par la réunion de tous les renseignements que nous possédons que nous arriverons à faciliter cette grande étude, qui, le jour où elle sera terminée, donnera à notre Algérie une prospérité sans pareille et à la Feance, notre patrie, une gloire plus durable que celle obtenue par les armes en d'autres temps.

» Voyons, maintenant, la carte qui n'est pas inventée à plaisir; elle est copiée sur les documents offrant le plus de garanties d'exactitude.

» A première vue, on remarque les avantages de ce tracé : Ligne à peu près directe de la mer à Tombouctou; de Sebdou à Moghrar, plus de montagnes; de ce ksar au Touat un oued continu; des centres habités, très nombreux; passage libre entre deux aregs; à l'extrémité nord, des chemins de fer dans plusieurs directions; des ports à choisir : Rachgoun, Beni-Saf, Nemours, Mers-el-Kebir, Arzew, Mostaganem; le voisinage du continent européen et du passage dans l'Océan Atlantique.

» Il n'est pas possible de trouver une réunion de conditions plus favorables.

» Messieurs, vous êtes maintenant au courant, à grands traits seulement il est vrai, de ce dont il s'agit. Pour ceux qui voudraient de plus amples détails, je suis à la disposition de tous et prêt à communiquer tous les documents et renseignements que je possède. Je vous recommande surtout de prendre connaissance de la dernière brochure de M. Gazeau de Vautibault où vous trouverez de quoi comparer les divers tracés.

» Mon intention première était de vous en donner quelques extraits que j'avais marqués d'avance; mais cela aurait prolongé outre-mesure notre séance déjà longue et ne me paraît pas absolument indispensable. Je me borne à vous dire qu'il y en a parmi ces tracés qui passent par des aregs où on marche pendant sept à huit jours sans rencontrer d'eau, qu'il est question de la refouler sur des longueurs de 100 et 200 kilomètres, de construire des parasables, etc., etc. Il n'y a aucun obstacle de ce genre sur notre parcours qui, en outre, raccourcit de plusieurs centaines de kilomètres sur le plus court des autres.

» Il y a lieu de faire une observation et une réserve cependant. Tout ce qui a été dit et écrit jusqu'à présent, sur la plus grande partie du parcours, ne l'a été que sur renseignements recueillis comme on a pu; le terrain parcouru est relativement restreint; nous savons tous jusqu'où sont allés MM. de Colomb, Colonieu, Largeau, Soleillet, Say, etc., etc. En somme, il n'y a que deux Européens, je crois, qui ont été à Tombouctou : René Caillé et Barth.

» Permettez-moi d'émettre encore un avis. Notre rôle n'est pas de prôner le Trans-Saharien; d'autres le font et le feront mieux que nous. Non plus d'en hâter la construction, quoiqu'elle soit à souhaiter pour tous. Nous ne pouvons pas davantage entrer dans des détails techniques ni énumérer ce qu'il coûtera, quels seront ses revenus, etc., etc.

» Ce qui est notre affaire, c'est d'amener ceux qui feront les premières études sur le terrain, de les faire sur la ligne Sebdou-Touat. Pour cela, nous avons à réunir et faire valoir tous les avantages de ce tracé, convaincus que nous sommes qu'il sera préféré, s'il est étudié et comparé aux autres.

» En un mot, pour résumer, dans le cas où on fera un Trans-Saharien, ce dont il n'est presque plus permis de douter, notre tâche consiste à le faire passer par Oran, non pas dans notre intérêt, mais dans l'intérêt général et de l'entreprise même, et parce que, sous tous les rapports, cette ligne présente de réels avantages sur toutes les autres, comme cela paraît prouvé maintenant.

» Pour cela, au lieu de travailler chacun pour son compte, ce qui ne peut produire un grand résultat, réunissons tous nos efforts, faisons même un appel à Tlemcen, et ailleurs on nous entendra, nous comprendra et on nous prêtera un concours dans ce but commun.

» Rappelons-nous que d'autres villes s'agitent et sont à l'œuvre pour devenir tête de cette ligne importante; elles travaillent d'autant plus peut-être qu'elles n'ont pas d'aussi bonnes raisons à faire valoir qu'Oran. Nous n'avons qu'un désavantage, c'est qu'Alger est notre capitale et le siége de nos gouvernants, où arrivent tous les visiteurs notables. Ils en partent pour leurs explorations et y reviennent de même, d'où une tendance fatale à y faire aboutir, ou dans son voisinage plus ou moins immédiat, les voies de communication, quand il s'agit de cette question. Tandis que la province de l'Ouest a toujours été négligée.

» On dit que les proverbes sont la sagesse des nations. Que celui qui dit : *L'union fait la force,* soit notre devise. Réunissons nos efforts et travaillons tous ensemble, nous parviendrons à faire apprécier les avantages de notre tracé. »

KRAMER,

OFFICIER SUPÉRIEUR D'ARTILLERIE EN RETRAITE,

Président du comité du Trans-Saharien

de la Société de Géographie d'Oran.

A la suite de cet exposé, il a été décidé spontanément et à l'unanimité par tous les assistants, malheureusement en petit nombre, qu'il serait ouvert une souscription pour aider les explorations à faire et faciliter les études sur cette ligne. Tous les présents ont souscrit, et des adhésions importantes se sont fait connaître depuis.

Oran, imprimerie de l'Association Ouvrière

www.ingramcontent.com/pod-product-compliance
Lightning Source LLC
LaVergne TN
LVHW020506230826
846091LV00008BA/3367
* 9 7 8 2 0 1 3 5 8 7 5 8 7 *